skola - школа	2
vjaġġar - подорож	5
trasport - транспорт	8
belt - місто	10
pajsaġġ - ландшафт	14
ristorant - ресторан	17
supermarkit - супермаркет	20
xorb - напої	22
ikel - їжа	23
razzett - ферма	27
dar - дім	31
kamra tal-ikel - вітальня	33
kċina - кухня	35
kamra tal-banju - ванна кімната	38
kamra tat-tfal - дитяча кімната	42
ħwejjeġ - одяг	44
uffiċċju - офіс	49
ekonomija - економіка	51
xogħolijiet - професії	53
għodda - інструменти	56
strumenti mużikali - музичні інструменти	57
żoo - зоопарк	59
sports - спорт	62
attivitajiet - дії	63
familja - сім'я	67
ġisem - тіло	68
sptar - лікарня	72
emerġenza - аварійний випадок	76
dinja - Земля	77
arloġġ - годинник	79
ġimgħa - тиждень	80
sena - рік	81
forom - форми	83
kuluri - фарби	84
opposti - протилежності	85
numri - числа	88
lingwi - мови	90
min / xiex / kif - хто / що / як	91
fejn - де	92

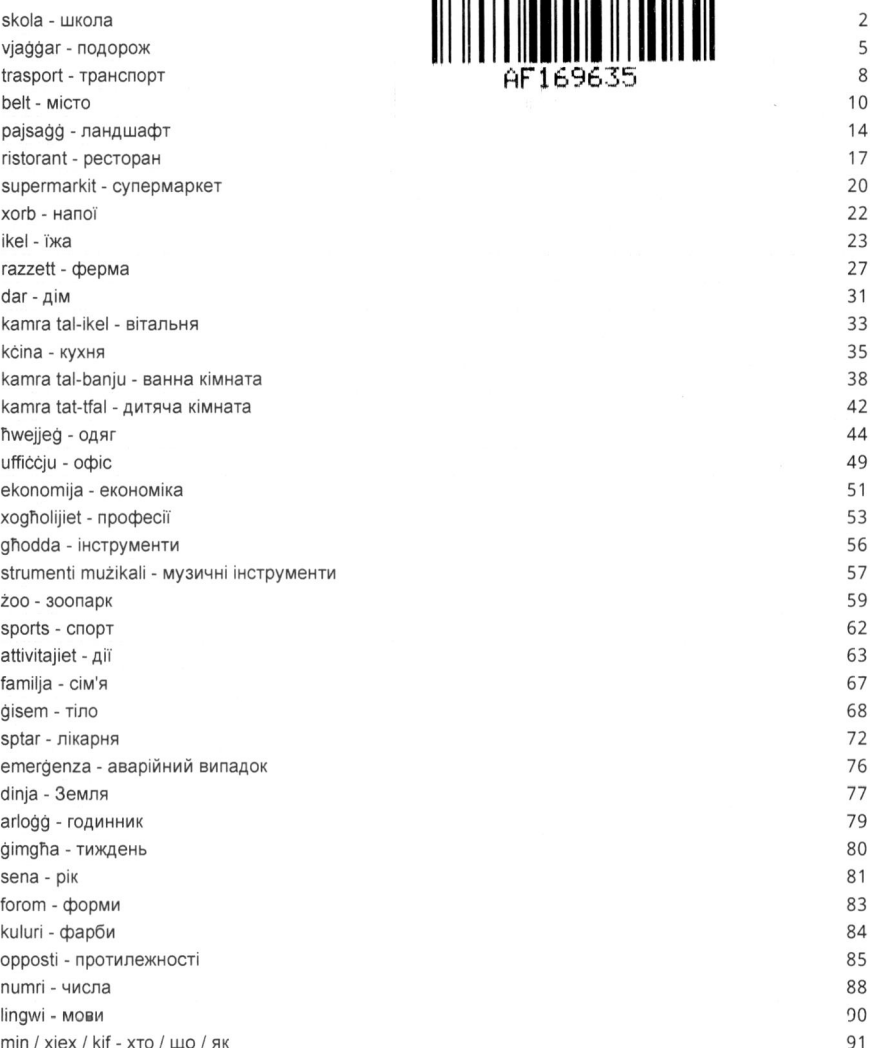

Impressum
Verlag: BABADADA GmbH, Nedderfeld 112 , 22529 Hamburg
Geschäftsführer / Verlagsleitung: Harald Hof
Druck: Books on Demand GmbH, In de Tarpen 42, 22848 Norderstedt

Imprint
Publisher: BABADADA GmbH, Nedderfeld 112 , 22529 Hamburg, Germany
Managing Director / Publishing direction: Harald Hof
Print: Books on Demand GmbH, In de Tarpen 42, 22848 Norderstedt, Germany

skola
школа

- aqsam / ділити
- bord / дошка
- klassi / класна кімната
- bitħa tal-iskola / шкільний двір
- għalliem / вчитель
- karta / папір
- pinna / ручка
- skrivanija / письмовий стіл
- kiteb / писати
- riga / лінійка
- ktieb / книга
- student / учень

basket tal-iskola

ранець

kaxxa tal-lapsijiet

пенал

lapes

олівець

temprin għal-lapes

точило

gomma

гумка

pad tat-tpinġija

альбом для малювання

tpinġija

малюнок

pinzell

пензель

kaxxa taż-żebgħa

коробка фарб

mqass

ножиці

kolla

клей

pitazz

зошит

xogħol tad-dar

домашнє завдання

numru

число

għodd

додавати

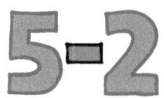

naqqas

віднімати

mmultiplika

множити

kkalkula

рахувати

ittra

літера

alfabett

абетка

kelma

слово

skola - школа

test
текст

qara
читати

ġibs
крейда

lezzjoni
година

reġistru
класний журнал

eżami
екзамен

ċertifikat
диплом

uniformi tal-iskola
шкільна форма

edukazzjoni
освіта

enċiklopedija
лексикон

università
університет

mikroskopju
мікроскоп

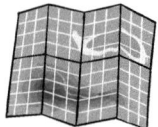
mappa
карта

reċipjent għar-rimi tal-karti
кошик для паперу

vjaġġar

подорож

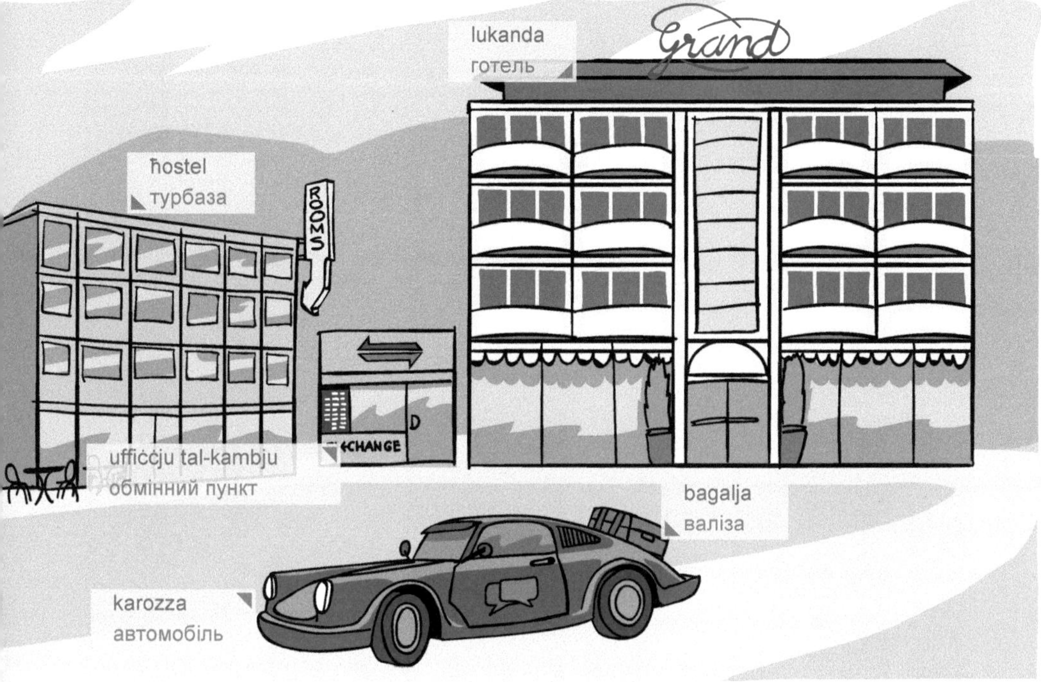

lukanda
готель
Grand
ħostel
турбаза
ROOMS
uffiċċju tal-kambju
обмінний пункт
CHANGE
bagalja
валіза
karozza
автомобіль

lingwa

мова

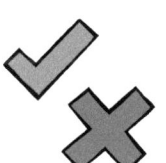

iva / le

так / ні

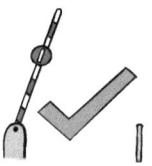

okay

добре

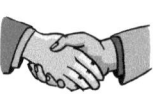

hello

привіт

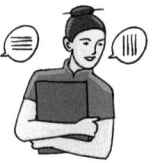

traduttur

перекладач

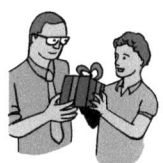

Grazzi

дякую

kemm jiswa ....?
Скільки коштує ...?

Mhux nifhem
Я не розумію

problema
проблема

Il-lejl it-tajjeb
Добрий вечір!

Bonġu
Доброго ранку!

Il-lejl it-tajjeb
На добраніч!

ċaw
До побачення

direzzjoni
напрямок

bagalji
багаж

basket
сумка

backpack
рюкзак

mistieden
гість

kamra
кімната

sleeping bag
спальний мішок

tinda
намет

vjaġġar - подорож

uffiċċju ta' informazzjoni
għat-turisti
....
туристична інформація

xtajta
....
пляж

karta tal-kreditu
....
кредитна картка

kolazzjon
....
сніданок

pranzu
....
обід

ċena
....
вечеря

biljett
....
квиток

lift
....
ліфт

bolla
....
поштова марка

transkonfinali
....
межа

dwana
....
митниця

ambaxxata
....
посольство

viża
....
віза

passaport
....
паспорт

vjaġġar - подорож

7

trasport
транспорт

ajruplan
літак

bastiment
корабель

karozza tat-tifi tan-nar
пожежна машина

xarabank
автобус

trakk
вантажний автомобіль

dgħajsa bil-mutur
моторний човен

karozza
автомобіль

rota
велосипед

lanċa

пором

dgħajsa

човен

mutur

мотоцикл

karozza tal-pulizija

поліцейська машина

karozza tat-tlielaq

гоночний автомобіль

karozza tal-kiri

автомобіль на прокат

kondiviżjoni tal-karozzi

спільне користування авто

trakk tal-irmonk

евакуатор

trakk tal-ġbir tal-iskart

сміттєвоз

mutur

двигун

fjuwil

паливо

pompa tal-petrol

автозаправна станція

sinjal tat-traffiku

дорожній знак

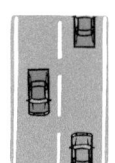

traffiku

рух

konġestjoni tat-traffiku

затор

parkeġġ

стоянка

stazzjoni tal-ferrovija

вокзал

linji ferrovjarji

рейки

ferrovija

потяг

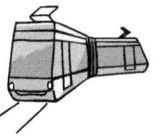

tramm

трамвай

vagun

вагон

trasport - транспорт

ħelikopter
гелікоптер

ajruport
аеропорт

torri
вежа

passiġġier
пасажир

kontejner
контейнер

kartuna
коробка

karretta
візок

qoffa
кошик

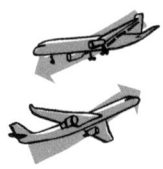
tluq / inżul
стартувати / приземлятися

belt
місто

villaġġ
село

ċentru tal-belt
центр міста

dar
дім

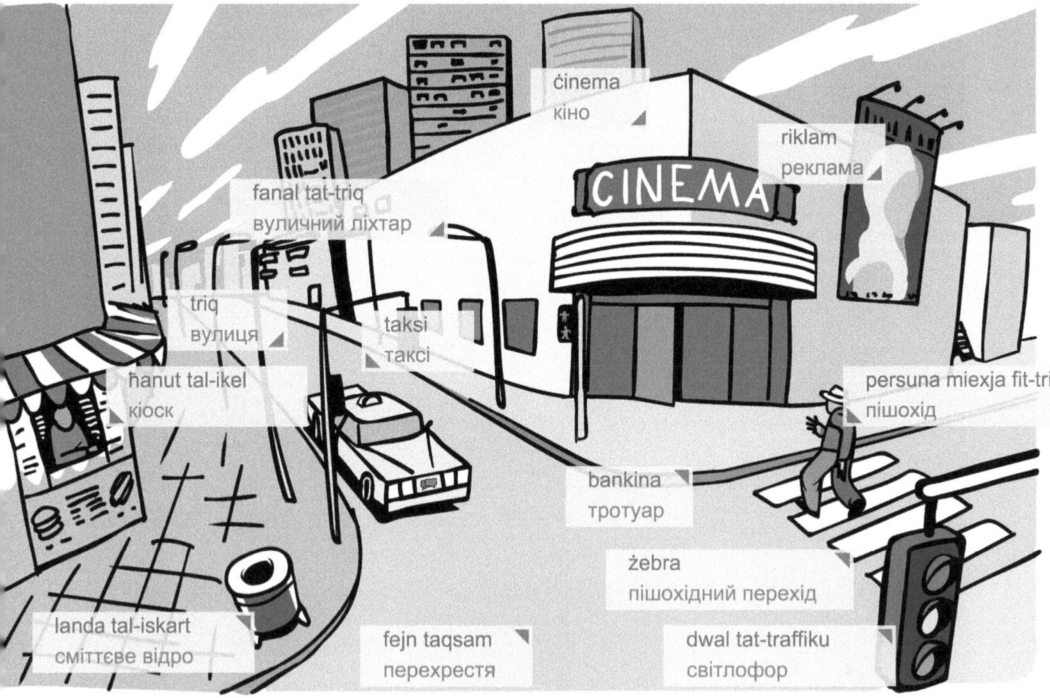

činema
кіно

riklam
реклама

fanal tat-triq
вуличний ліхтар

triq
вулиця

taksi
таксі

ħanut tal-ikel
кіоск

persuna miexja fit-triq
пішохід

bankina
тротуар

żebra
пішохідний перехід

landa tal-iskart
сміттєве відро

fejn taqsam
перехрестя

dwal tat-traffiku
світлофор

għarix

хатина

flett

квартира

stazzjoni tal-ferrovija

вокзал

kunsill lokali

ратуша

mużew

музей

skola

школа

belt - місто

università
університет

bank
банк

sptar
лікарня

lukanda
готель

spiżerija
аптека

uffiċċju
офіс

ħanut tal-kotba
книжковий магазин

ħanut
магазин

ħanut tal-fjuri
квітковий магазин

supermarkit
супермаркет

suq
ринок

kumpless tax-xiri
універмаг

ħanut tal-ħut
торговець рибою

ċentru tax-xiri
торговельний центр

port
гавань

belt - місто

park
парк

bank
лава

pont
міст

taraġ
сходи

trasport taħt l-art
метро

mina
тунель

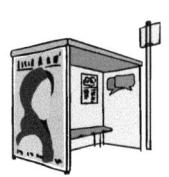

post ta' waqfien għal tal-linja
автобусна зупинка

bar
бар

ristorant
ресторан

kaxxa postali
поштова скринька

sinjal tat-triq
вулична табличка

miter tal-parkeġġ
лічильник паркування

żoo
зоопарк

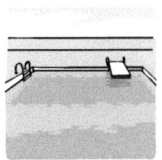

pixxina
басейн

moskea
мечеть

belt - місто

razzett — ферма

tniġġis — забруднення навколишнього середовища

ċimiterju — кладовище

knisja — церква

bitħa — дитячий майданчик

tempju — храм

pajsaġġ
ландшафт

- werqa — листок
- sinjal għad-direzzjoni — вказівний стовп
- mogħdija — шлях
- mergħa — луг
- ġebla — камінь
- siġra — дерево
- ħajker — мандрівник
- xmara — річка
- ħaxix — трава
- fjura — квітка

pajsaġġ - ландшафт

wied долина	għolja гора	lag озеро
	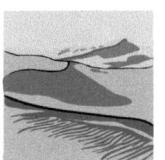	
foresta ліс	deżert пустеля	vulkan вулкан

kastell замок	qawsalla веселка	faqqiegħ гриб

siġra tal-palm пальма	nemusa комар	dubbiena муха

nemla мурашка	naħla бджола	brimba павук

ħanfusa
жук

żring
жаба

skwiril
вивірка

qanfud
їжак

liebru
заєць

kokka
сова

għasfur
птах

ċinju
лебідь

ħanżir
кабан

ċerv
олень

ċerv Amerikan
лось

diga
гребля

turbina tar-riħ
вітряк

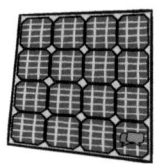

pannell solari
сонячний модуль

klima
клімат

pajsaġġ - ландшафт

ristorant
ресторан

wejter / офіціант

menu / меню

siġġu / стілець

soppa / суп

pizza / піца

pożati / столові прилади

tvalja / скатертина

starter
закуска

platt prinċipali
друга страва

deżerta
десерт

xorb
напої

ikel
їжа

flixkun
пляшка

fast food
фаст-фуд

streetfood
вулична їжа

tettiera
чайник

kaxxa għaz-zokkor
цукорниця

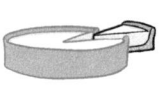
porzjon
порція

magna tal-espresso
еспресо-машина

high chair
високий стільчик

kont
рахунок

trej
піднос

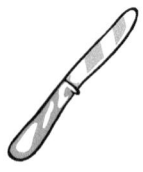
sikkina
ніж

furketta
виделка

mgħarfa
ложка

kuċċarina
чайна ложка

sarvetta
серветка

tazza
склянка

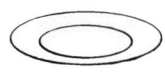
platt
тарілка

platt għas-soppa
тарілка для супу

plattina
блюдце

zalza
соус

salt shaker
солонка

mitħna tal-bżar
млин для перцю

ħall
оцет

żejt
масло

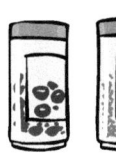
ħwawar
спеції

ketchup
кетчуп

mustarda
гірчиця

majoneż
майонез

ristorant - ресторан

supermarkit

супермаркет

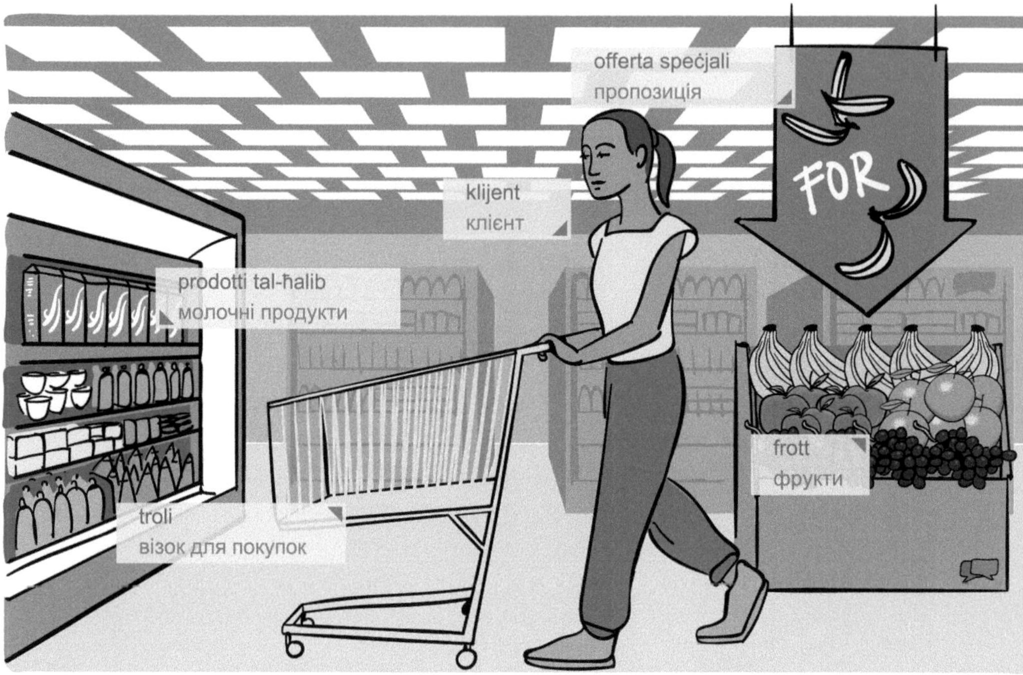

offerta speċjali
пропозиція
FOR
klijent
клієнт
prodotti tal-ħalib
молочні продукти
frott
фрукти
troli
візок для покупок

BUTCHERS

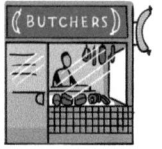

tal-laħam

м'ясний магазин

BAKERY

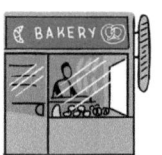

tal-ħobż

пекарня

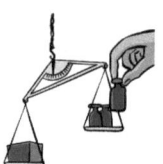

wiżen

зважувати

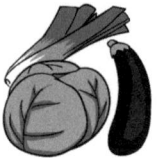

ħaxix

овочі

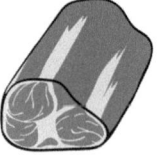

laħam

м'ясо

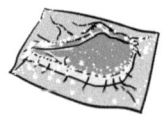

ikel iffriżat

заморожені продукти

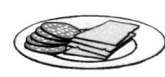
laħam kiesaħ
ковбасна нарізка

ikel tal-landa
консерви

trab tal-ħasil
пральний порошок

ħelu
солодощі

prodotti tad-dar
предмети домашнього побуту

prodotti tat-tindif
мийний засіб

salesgirl
продавщиця

cash register
каса

kaxxier
касир

lista tax-xiri
список покупок

ħinijiet tal-ftuħ
часи роботи

kartiera
гаманець

karta tal-kreditu
кредитна картка

basket
сумка

borża tal-plastik
поліетиленовий пакет

supermarkit - супермаркет

xorb
напої

ilma
вода

ġjus
сік

ħalib
молоко

coca
кола

nbid
вино

birra
пиво

alkoħol
алкоголь

kawkaw
какао

te
чай

kafè
кава

espresso
еспресо

cappuccino
капучіно

ikel
їжа

banana

банан

tuffieħa

яблуко

laringa

апельсин

dulliegħa

кавун

lumija

лимон

karrotta

морква

tewm

часник

bambù

бамбук

basla

цибуля

faqqiegħ

гриб

ġewż

горішки

noodles

локшина

spagetti

спагеті

ross

рис

insalata

салат

ċips

картопля фрі

patata moqlija

смажена картопля

pizza

піца

ħamberger

гамбургер

sandwiċ

бутерброд

kutuletta

шніцель

perżut

шинка

salami

салямі

zalzett

ковбаса

tiġieġa

курка

imsajjar fil-forn

печеня

ħut

риба

ikel - їжа

ħafur tal-poriġ

вівсяні пластівці

muesli

мюслі

cornflakes

кукурудзяні пластівці

dqiq

борошно

croissant

круасан

bezzun

булочка

ħobż

хліб

towst

тостовий хліб

gallettini

печиво

butir

масло

baqta

сир

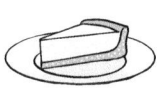

kejk

пиріг

bajda

яйце

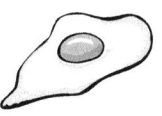

bajda moqlija

яєчня

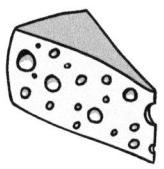

ġobon

сир

ikel - їжа

25

ġelat
морозиво

zokkor
цукор

għasel
мед

ġamm
мармелад

krema tal-qubbajt
нуга-крем

kari
карі

ikel - їжа

razzett
ферма

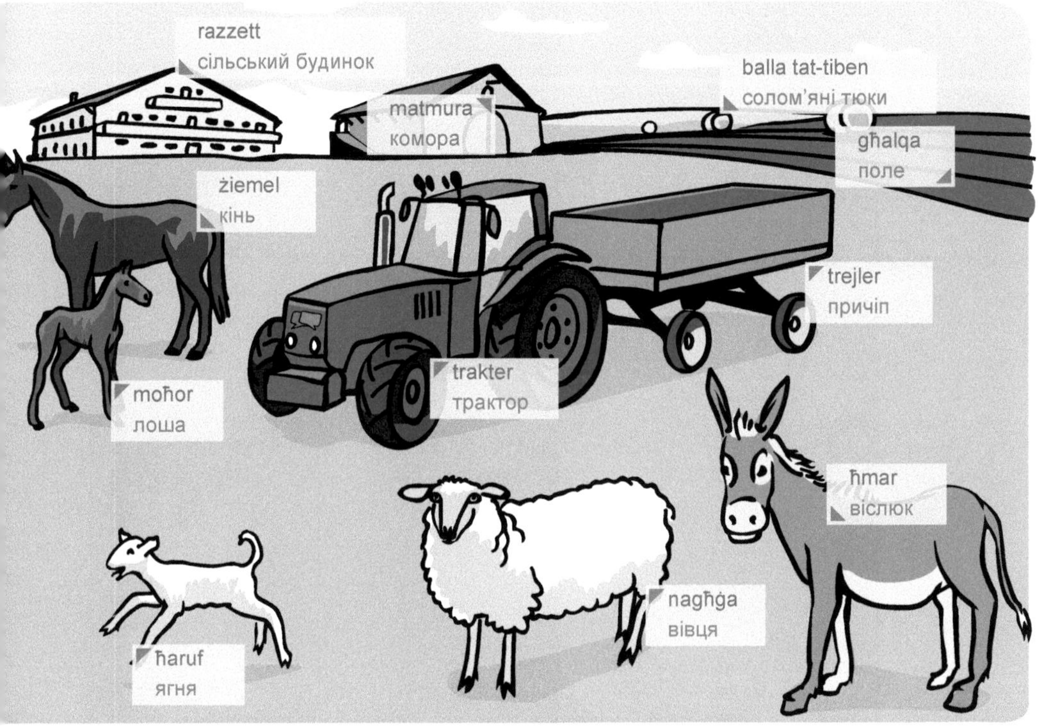

razzett
сільський будинок

matmura
комора

balla tat-tiben
солом'яні тюки

għalqa
поле

żiemel
кінь

trejler
причіп

trakter
трактор

moħor
лоша

ħmar
віслюк

nagħġa
вівця

ħaruf
ягня

mogħża
коза

baqra
корова

għoġol
теля

ħanżir
свиня

qażquż
порося

barri
бик

wiżż
гусак

papra
качка

fellus
курча

tiġieġa
курка

serduk
півень

far
щур

qattus
кіт

ġurdien
миша

gendus
віл

kelb
собака

dar ta' kelb
собача будка

pajp tal-ġnien
садовий шланг

bexxiexa
лійка

scythe
коса

moħriet
плуг

minġel

серп

magħżqa

мотика

furkettun

вила

mannara

сокира

karretta

тачка

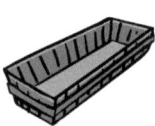

ħawt

корито

bott tal-ħalib

бідон молока

xkora

мішок

ċint

паркан

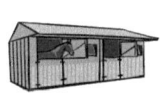

stalla

хлів

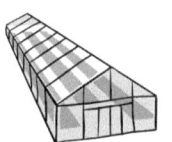

serra

теплиця

ħamrija

ґрунт

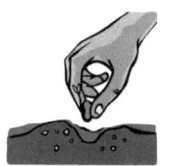

żerriegħa

насіння

fertilizzant

добриво

apparat għal ħsad ikkombinat

комбайн

razzett - ферма

ħasad
пожинати

ħsad
урожай

yams
корінь ямсу

qamħ
пшениця

sojja
соя

patata
картопля

qamħirrun
кукурудза

kolza
ріпак

siġra tal-frott
плодове дерево

manjoka
маніок

ċereali
злаки

dar
дім

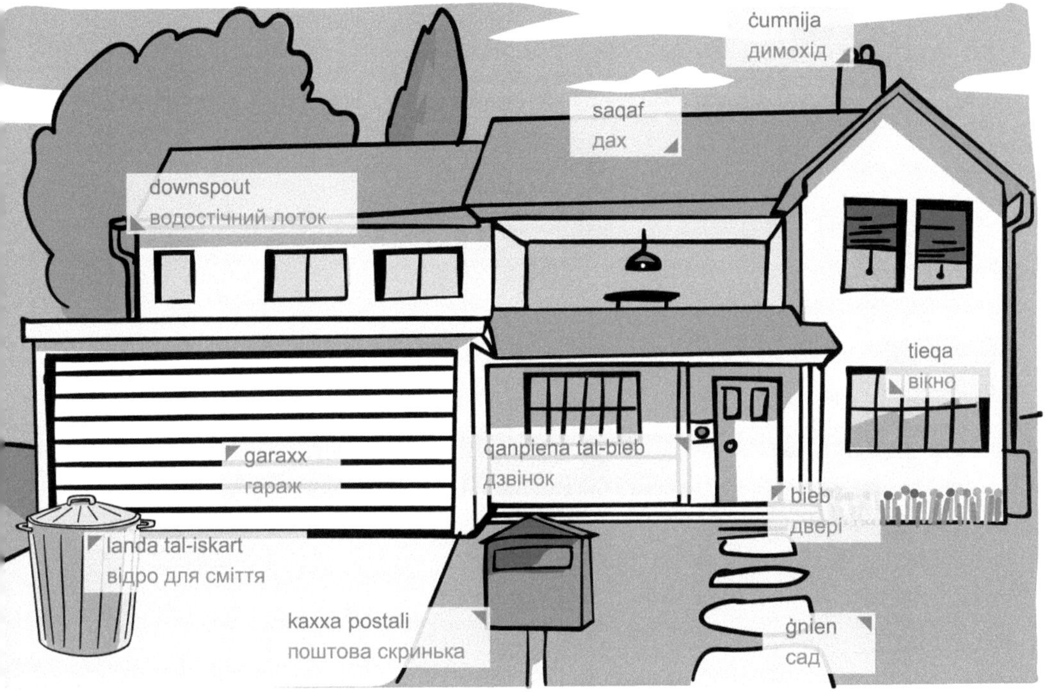

ćumnija — димохід
saqaf — дах
downspout — водостічний лоток
tieqa — вікно
garaxx — гараж
qanpiena tal-bieb — дзвінок
bieb — двері
landa tal-iskart — відро для сміття
kaxxa postali — поштова скринька
ġnien — сад

kamra tal-ikel
вітальня

kamra tal-banju
ванна кімната

kċina
кухня

kamra tas-sodda
спальня

kamra tat-tfal
дитяча кімната

kamra tal-pranzu
їдальня

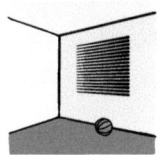
art
підлога

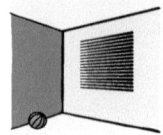
ħajt
стіна

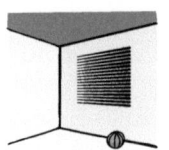
saqaf
стеля

kantina
підвал

sawna
сауна

gallarija
балкон

terrazzin
тераса

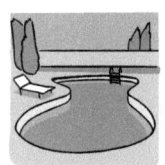
pixxina
басейн

lawn mower
косарка

liżar
простирало

għata tas-sodda
ковдра

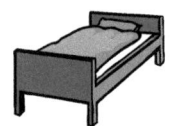
sodda
ліжко

xkupa
мітла

barmil
відро

swiċċ
перемикач

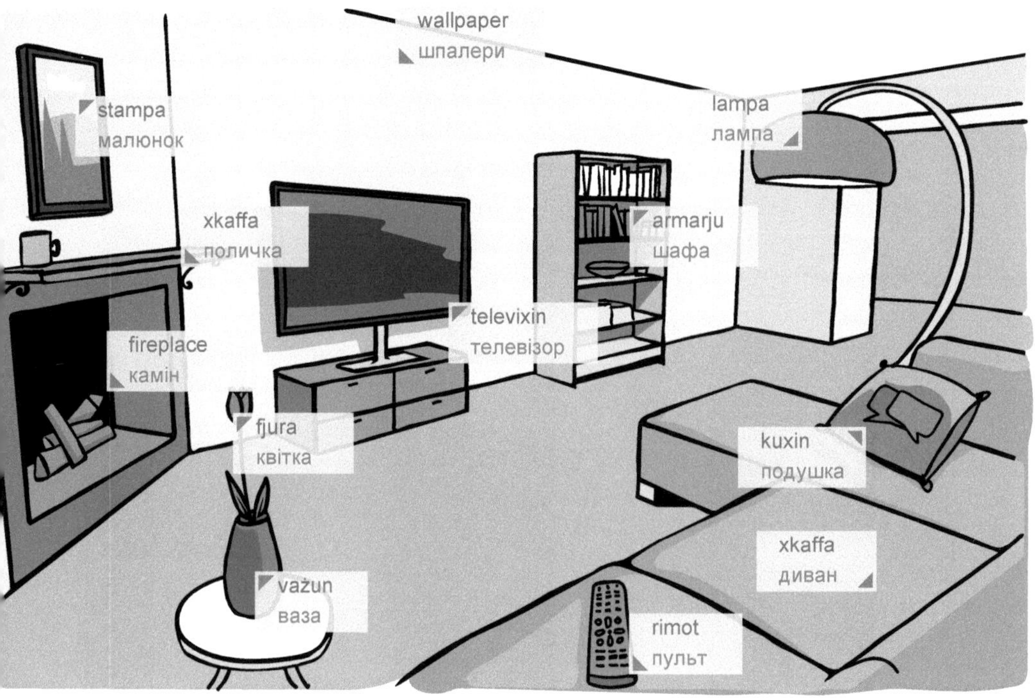

kamra tal-ikel
вітальня

- wallpaper / шпалери
- stampa / малюнок
- lampa / лампа
- xkaffa / поличка
- armarju / шафа
- fireplace / камін
- televixin / телевізор
- fjura / квітка
- kuxin / подушка
- xkaffa / диван
- važun / ваза
- rimot / пульт

tapit
килим

purtiera
завіса

mejda
стіл

siġġu
стілець

siġġu li jitbandal
крісло-гойдалка

pultruna
крісло

kamra tal-ikel - вітальня

ktieb
книга

kutra
ковдра

dekorazzjoni
прикраса

ħatab
дрова

film
фільм

hi-fi
стереосистема

ċavetta
ключ

gazzetta
газета

pittura
картина

poster
плакат

radju
радіо

notebook
блокнот

vacuum cleaner
пилосос

kaktus
кактус

xemgħa
свічка

kamra tal-ikel - вітальня

kċina
кухня

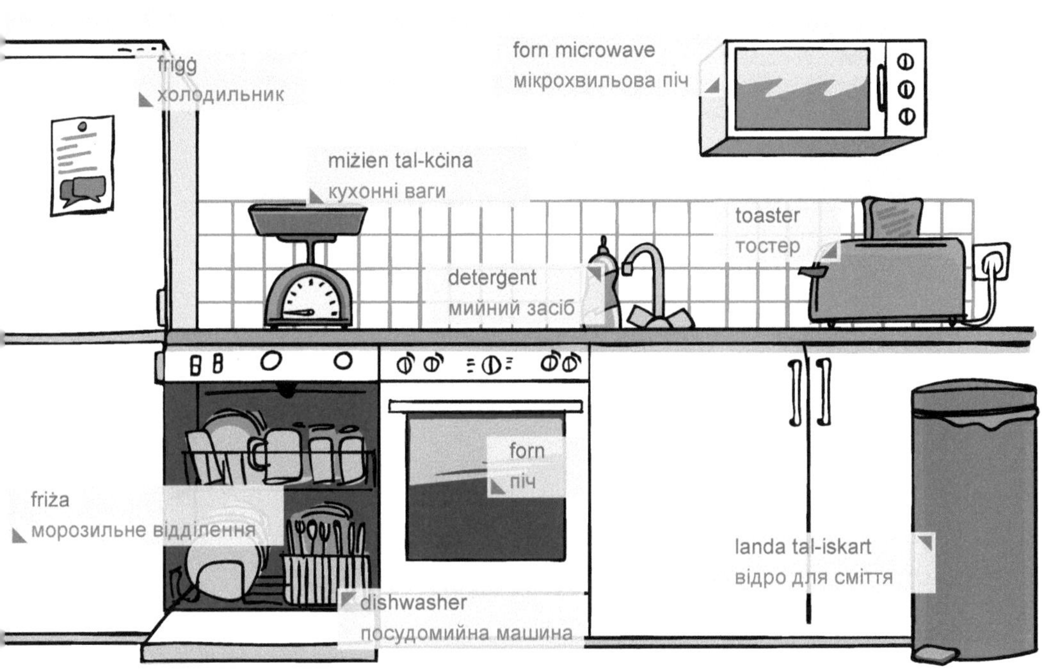

frigġ / холодильник

forn microwave / мікрохвильова піч

miżien tal-kċina / кухонні ваги

detergent / мийний засіб

toaster / тостер

friża / морозильне відділення

forn / піч

dishwasher / посудомийна машина

landa tal-iskart / відро для сміття

kuker

плита

borma

горщик

borma tal-ħadid fondut

чавунний горщик

wok / kadai

вок / кадай

taġen

сковорода

kitla

чайник

steamer

пароварка

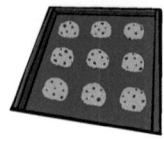

trej tal-forn

лист

fajjenza

посуд

magg

кухоль

skutella

чаша

chopsticks

палички для їжі

kuċċarun

черпак

spatula

лопатка

whisk

вінчик для збивання

passatur

сито

għarbiel

сито

ħakkieka

терка

mehrież

ступка

barbecue

барбекю

fuklar miftuħ

багаття

kċina - кухня

chopping board

дошка

lembuba

качалка

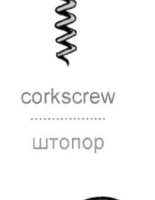

corkscrew

штопор

landa

консерва

opener tal-laned

відкривачка

biċċa għall-borom

прихватки

sink

раковина

xkupilja

щітка

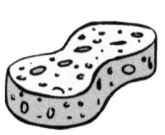

sponża

губка

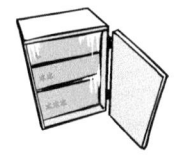

blender

міксер

friża

морозильна камера

flixkun tat-trabi

дитяча пляшка

vit

кран

kċina - кухня

kamra tal-banju
ванна кімната

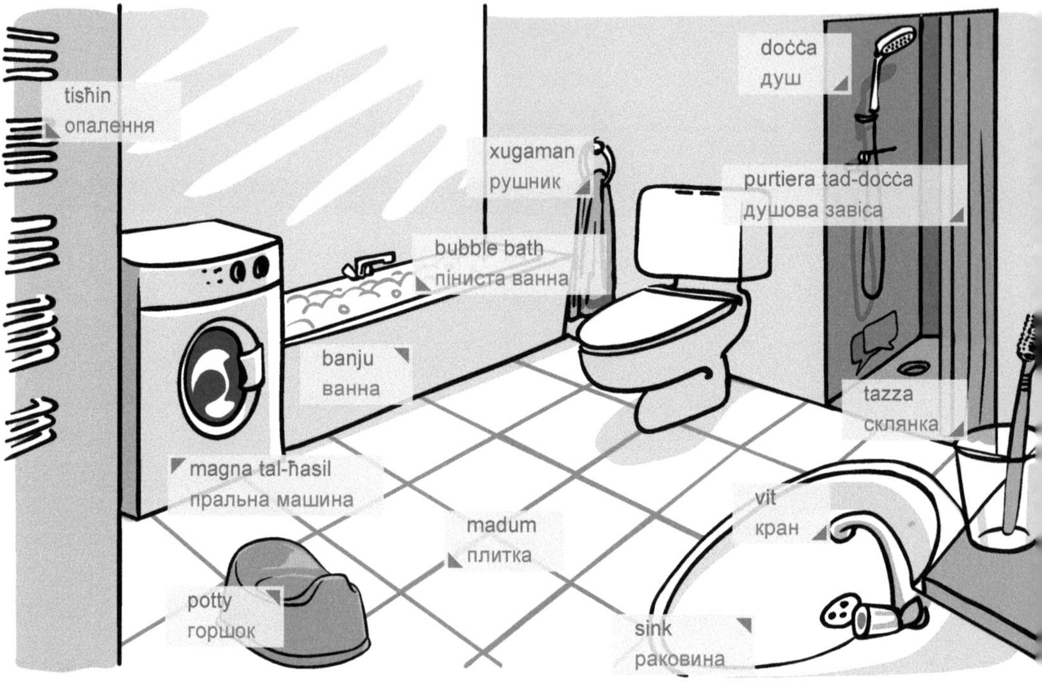

doċċa / душ
tisħin / опалення
xugaman / рушник
purtiera tad-doċċa / душова завіса
bubble bath / піниста ванна
banju / ванна
tazza / склянка
magna tal-ħasil / пральна машина
madum / плитка
vit / кран
potty / горщик
sink / раковина

tojlit
туалет

squat toilet
підлоговий туалет

bidet
біде

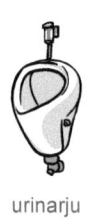

urinarju
пісуар

toilet paper
туалетний папір

xkupilja tat-tojlit
щітка для туалету

xkupilja tas-snien

зубна щітка

toothpaste

зубна паста

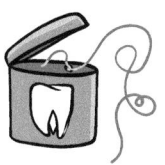

floss dentali

нитка для чищення зубів

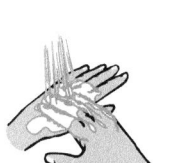

ħasel

мити

doċċa li tinżamm fl-idejn

ручний душ

doċċa intima

інтимний душ

baċin

таз

xkupilja għad-dahar

щітка для спини

sapun

мило

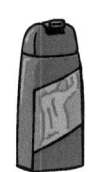

sapun tad-doċċa

гель для душу

xampu

шампунь

flanella

мочалка

drejn

водостік

krema

крем

deodorant

дезодорант

kamra tal-banju - ванна кімната

mera

дзеркало

mera tal-idejn

косметичне дзеркало

xejver

бритва

fowm tal-leħja

піна для гоління

aftershave

лосьйон після гоління

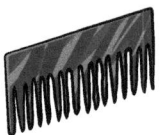

pettne

гребінь

xkupilja

щітка

hair-dryer

фен

sprej tax-xagħar

лак для волосся

irtokk

косметика

lipstick

губна помада

verniċ tad-dwiefer

лак для нігтів

tajjar

вата

mqass tad-dwiefer

ножиці для нігтів

fwieħa

парфум

okit għall-prodotti tal-iġjene personali
косметичка

ippurgar
табурет

miżien
ваги

bathrobe
халат

ingwanti tal-gomma
гумові рукавички

tampon
тампон

prodott sanitarju
гігієнічні прокладки

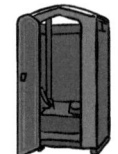

tojlits mobbli
біотуалет

kamra tal-banju - ванна кімната

kamra tat-tfal

дитяча кімната

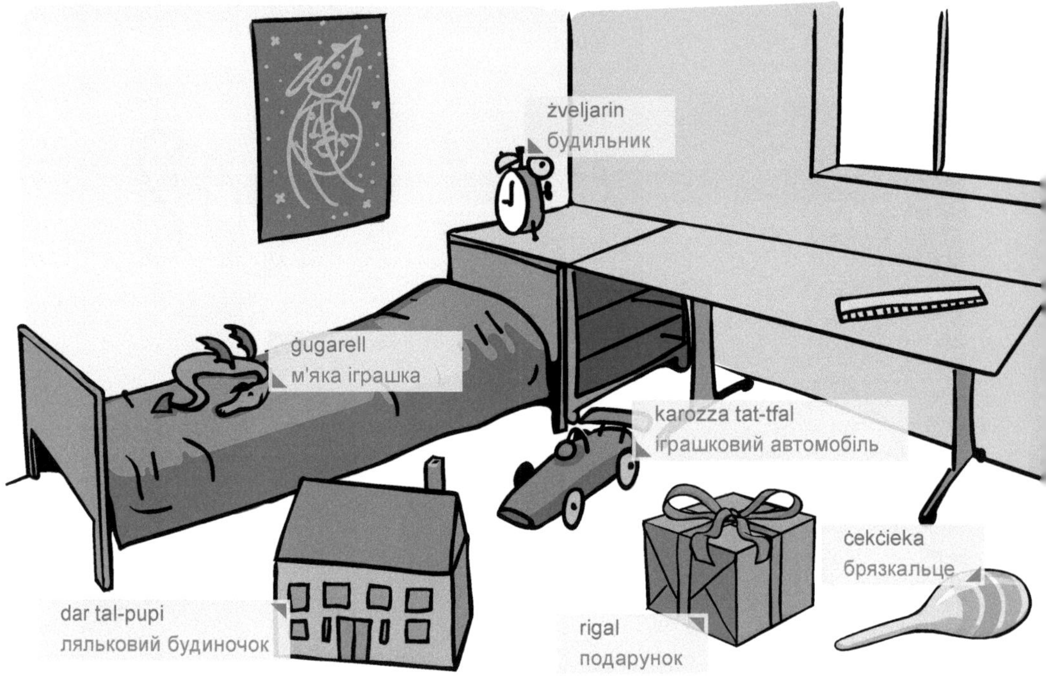

żveljarin
будильник
ġugarell
м'яка іграшка
karozza tat-tfal
іграшковий автомобіль
ċekċieka
брязкальце
dar tal-pupi
ляльковий будиночок
rigal
подарунок

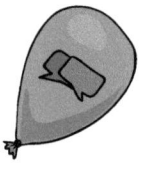

bużżieqa

повітряна кулька

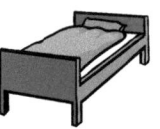

sodda

ліжко

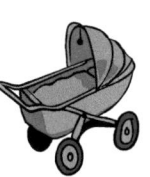

pram

дитячий візок

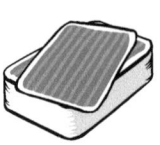

mazz karti

картярська гра

jigsaw

пазл

SUPER MEGA

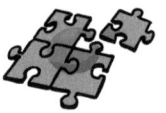

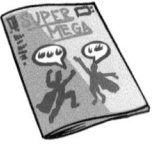

komik

комікс

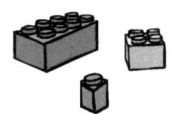

briks tal-lego

лего цеглинки

blokks tal-logħob

блоки

pupu

іграшкова фігурка

babygrow

повзунки

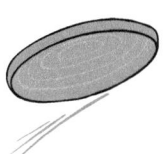

frisbee

фризбі

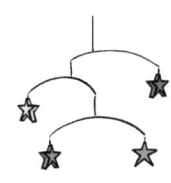

mobile

мобіле

board game

настільна гра

damma

кубик

sett ta' ferrovija ġugarell

модель залізнична станція

gażaża

соска

parti

вечірка

ktieb bl-istampi

книжка з картинками

ballun

м'яч

pupa

лялька

lagħab

грати

kamra tat-tfal - дитяча кімната

sandpit

пісочниця

bandla

гойдалка

ġugarelli

іграшка

video game console

гральна консоль

triċiklu

триколісний велосипед

teddy bear

плюшевий мішка

gwardarobba

шафа

ħwejjeġ
одяг

peduni

шкарпетки

stockings

панчохи

tajts

колготки

ġisem
боді

qalziet
штани

jeans
джинси

dublett
спідниця

blaws
блузка

qmis
сорочка

pullover
пуловер

flokk tas-suf
светр

blejżer
піджак

ġakketta
куртка

kowt
пальто

inċirata
дощовик

kostum
костюм

libsa
сукня

libsa tat-tieġ
весільна сукня

ħwejjeġ - одяг

suit

костюм

libsa tas-sodda

нічна сорочка

piġama

піжама

sari

сарі

hijab

головна хустка

turban

чалма

burka

бурка

kaftan

кафтан

abaya

абая

malja

купальник

malja tal-irġiel

плавки

xorts

шорти

tracksuit

тренувальний костюм

fardal

фартух

ingwanti

рукавички

ħwejjeġ - одяг

buttuna
гудзик

nuċċali
окуляри

brazzuletta
браслет

ġiżirana
ланцюг

ċurkett
кільце

misluta
сережка

beritta
шапка

spalliera għall-kowt
плічка

kappell
капелюх

ingravata
краватка

żipp
застібка-блискавка

elmu
шолом

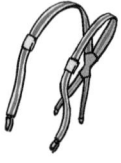

ċineg
підтяжки

uniformi tal-iskola
шкільна форма

uniformi
уніформа

ħwejjeġ - одяг

vavalor

нагрудник

gażaża

соска

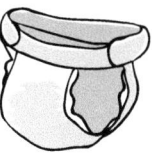

ħarqa

підгузок

uffiċċju
офіс

- armarju għall-iffajljar — шаф для документів
- printer — принтер
- server — сервер
- karta — папір
- moniter — монітор
- skrivanija — письмовий стіл
- maws — миша
- folder — папка
- reċipjent għar-rimi tal-karti — кошик для паперу
- tastiera — синтезатор
- kompjuter — комп'ютер
- siġġu — стілець

magg tal-kafè

кавовий кухоль

calculator

калькулятор

internet

інтернет

ufficċju - офіс 49

laptop

ноутбук

ittra

лист

messaġġ

повідомлення

mowbajl

мобільний телефон

network

мережа

magna għall-fotokopji

копіювальний пристрій

softwer

програмне забезпечення

telefon

телефон

sokit tal-plagg

розетка

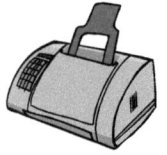

magna tal-fax

факс

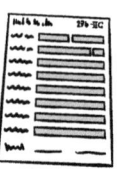

forma

бланк

dokument

документ

ekonomija
економіка

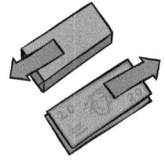

xtara

купувати

ħallas

платити

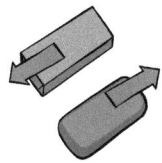

nnegozja

торгувати

flus

гроші

dollaru

долар

eurp

євро

yen

ієна

rublu

рубль

frank Żvizzeru

франк

renminbi Yuan

юанів женьміньбі

rupee

рупія

fejn tħallas

банкомат

uffiċċju tal-kambju
обмінний пункт

deheb
золото

fidda
срібло

żejt
нафта

enerġija
енергія

prezz
ціна

kuntratt
контракт

taxxa
податок

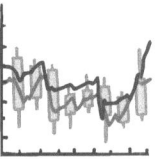
stokk
акція

ħadem
працювати

impjegat
працівник

impjegatur
роботодавець

fabbrika
фабрика

ħanut
магазин

ekonomija - економіка

xogħolijiet
професії

uffiċjal tal-pulizija
поліцейський

pompier
пожежник

kok
повар

tabib
лікар

pilota
пілот

ġardinar
садівник

mastrudaxxa
столяр

ħajjata
швачка

imħallef
суддя

spiżjar
хімік

attur
актор

xufier tal-linja
водій автобуса

xufier tat-taksi
таксист

sajjied
рибалка

ħassiela
прибиральниця

saqqaf
покрівельник

wejter
офіціант

kaċċatur
мисливець

pittur
художник

furnar
пекар

elektrixin
електрик

bennej
будівельник

inġinier
інженер

biċċier
забійник

plamer
бляхар

pustier
листоноша

xogħolijiet - професії

suldat

солдат

perit

архітектор

kaxxier

касир

bejjiegħ tal-fjuri

флорист

parrukkier

перукар

kunduttur

кондуктор

mekkanik

механік

kaptan

капітан

dentist

дантист

xjenzat

вчений

rabbi

рабин

imam

імам

patri

монах

qassis

пастор

xogħolijiet - професії

għodda
інструменти

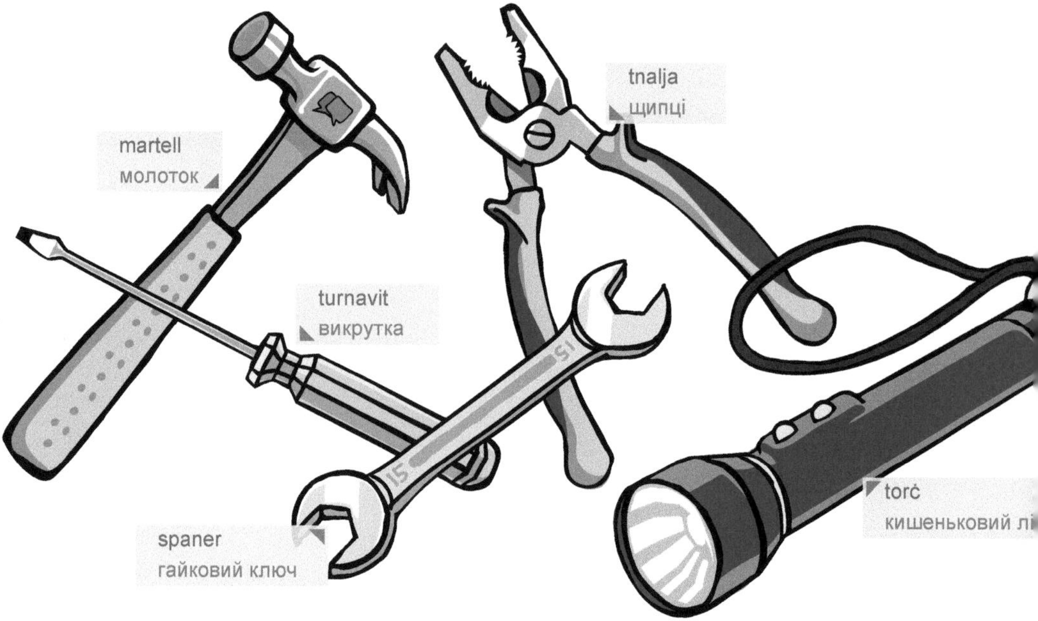

martell
молоток

tnalja
щипці

turnavit
викрутка

torċ
кишеньковий лі

spaner
гайковий ключ

gaffa

екскаватор

kaxxa tal-għodda

ящик для інструментів

sellum

драбина

serrieq

пилка

msiemer

цвяхи

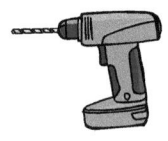

driller

свердло

sewwa
ремонтувати

pala
лопата

Il-marelli
лайно!

pala
совок

landa żebgħa
відро з фарбою

viti
гвинти

strumenti mużikali
музичні інструменти

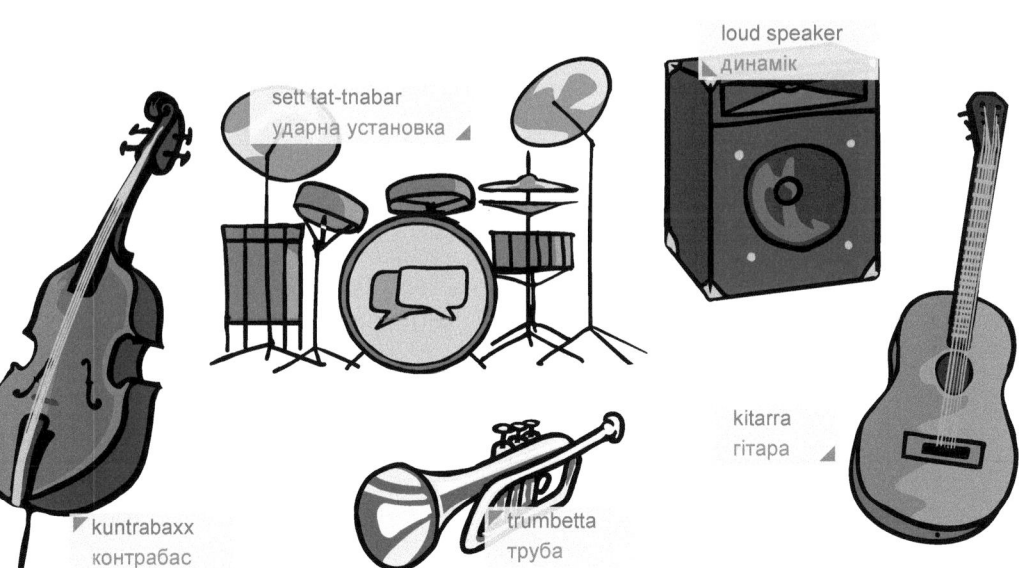

pjanu
фортепіано

vjolin
скрипка

baxx
бас

timpani
литаври

tnabar
барабан

keyboard
клавіатура

sassofonu
саксофон

flawt
флейта

mikrofonu
мікрофон

żoo
зоопарк

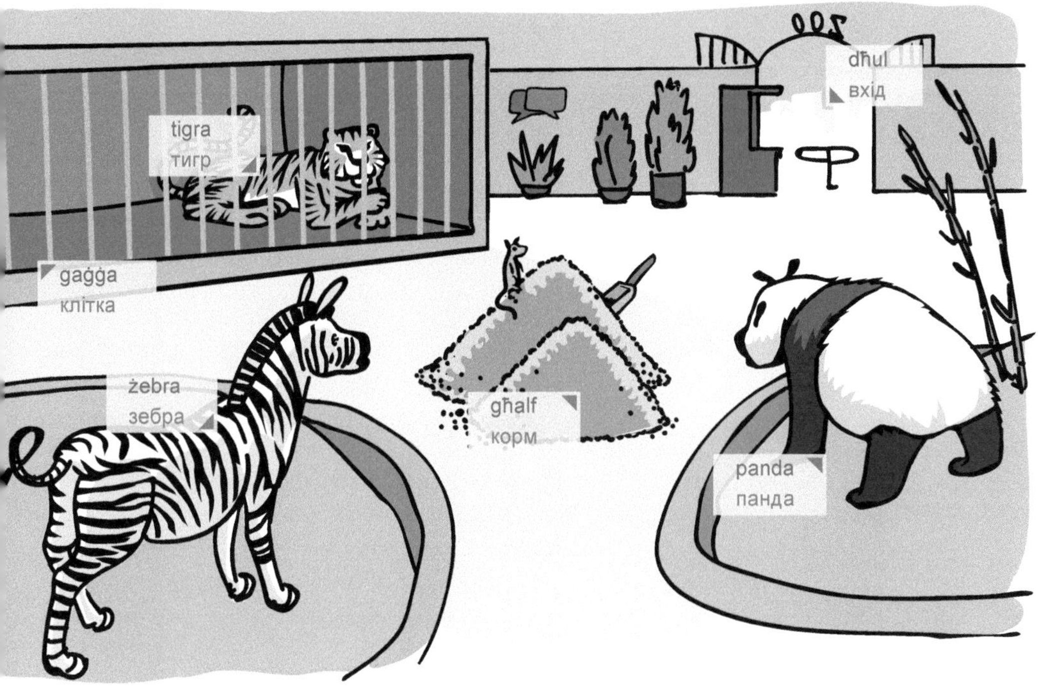

- tigra / тигр
- gaġġa / клітка
- żebra / зебра
- għalf / корм
- dħul / вхід
- panda / панда

annimali
тварини

iljunfant
слон

kangaru
кенгуру

rinoċeronti
носоріг

gurilla
горила

ors
ведмідь

ġemel
верблюд

nagħma
страус

ljun
лев

xadina
мавпа

fjammingu
фламінго

pappagall
папуга

ors polari
білий ведмідь

pingwin
пінгвін

kelb il-baħar
акула

pagun
павич

serp
змія

kukkudrill
крокодил

gwardjan taż-żoo
працівник зоопарку

foka
тюлень

jaguar
ягуар

żoo - зоопарк

poni
поні

leopard
леопард

ippopotamu
гіпопотам

ġiraffa
жираф

ajkla
орел

ħanżir
кабан

ħut
риба

fekruna
черепаха

walrus
морж

volpi
лисиця

għażżiela
газель

żoo - зоопарк

sports
спорт

attivitajiet
дії

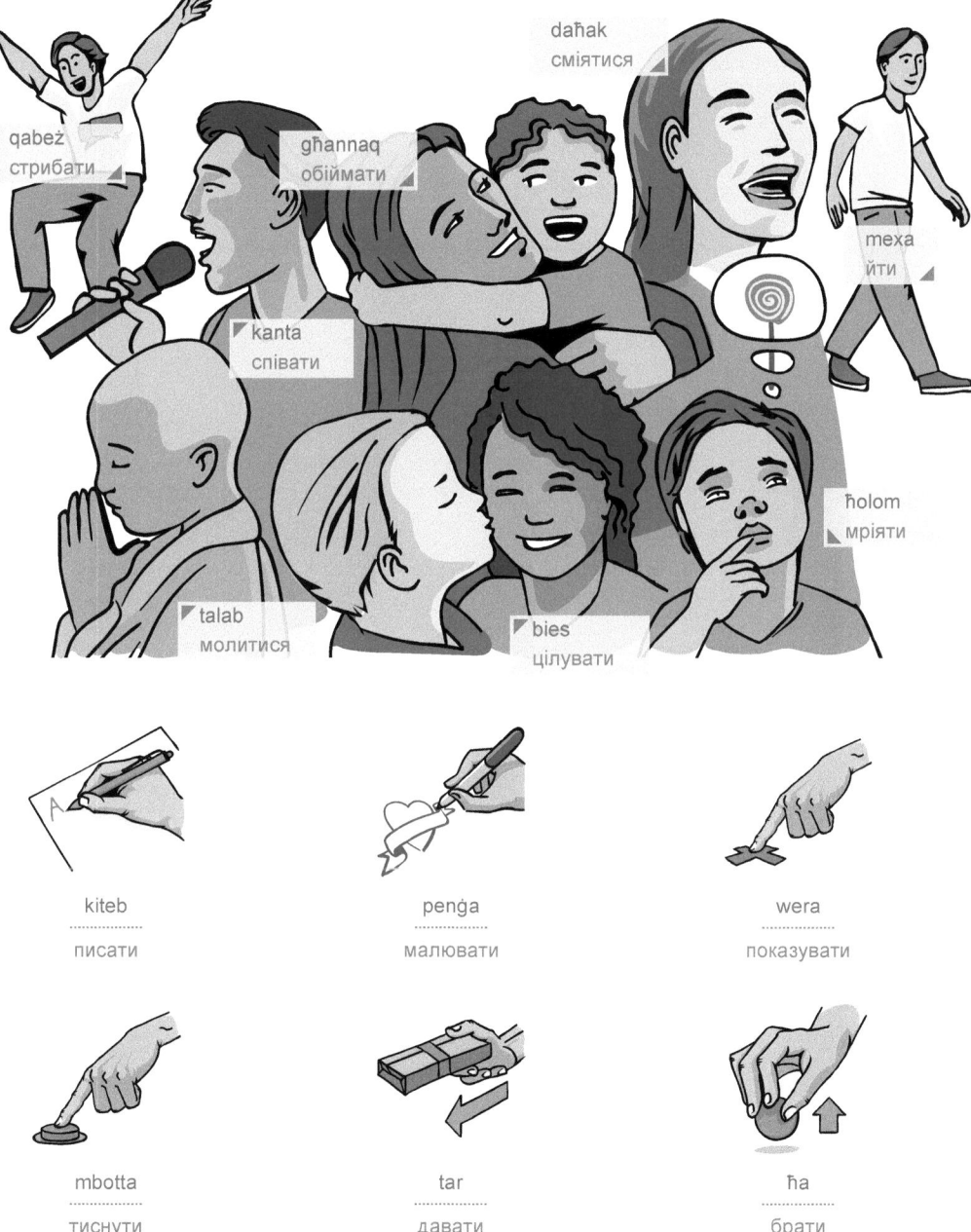

kiteb	penġa	wera
писати	малювати	показувати

mbotta	tar	ħa
тиснути	давати	брати

għandu
мати

għamel
робити

kien
бути

qam bilwieqfa
стояти

ġera
бігати

ġibed
тягнути

rema
кидати

waqa'
падати

mtedd
лежати

stenna
очікувати

ġarr
носити

poġġa
сидіти

libes
одягати

raqad
спати

qam
просипатися

attivitajiet - дії

ra
дивитися

beka
плакати

melles
гладити

ippettna
розчісувати

kellem
розмовляти

fehem
розуміти

staqsi
питати

sema'
слухати

xorob
пити

kiel
їсти

naddaf
прибирати

ħabb
любити

sajjar
варити

saq
їхати

tar
літати

attivitajiet - дії

baħħar

йти під вітрилом

kkalkula

рахувати

qara

читати

tgħallem

вчитися

ħadem

працювати

iżżewweġ

одружуватися

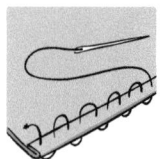

ħiet

шити

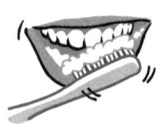

ħasel snienu

чистити зуби

qatel

убивати

pejjep

курити

bagħad

посилати

attivitajiet - дії

familja
сім'я

nanna
бабуся

nannu
дідусь

missier
батько

omm
мати

tarbija
немовля

bint
донька

iben
син

mistieden

гість

zija

тітка

ziju

дядько

ħu

брат

oħt

сестра

familja - сім'я

ġisem
тіло

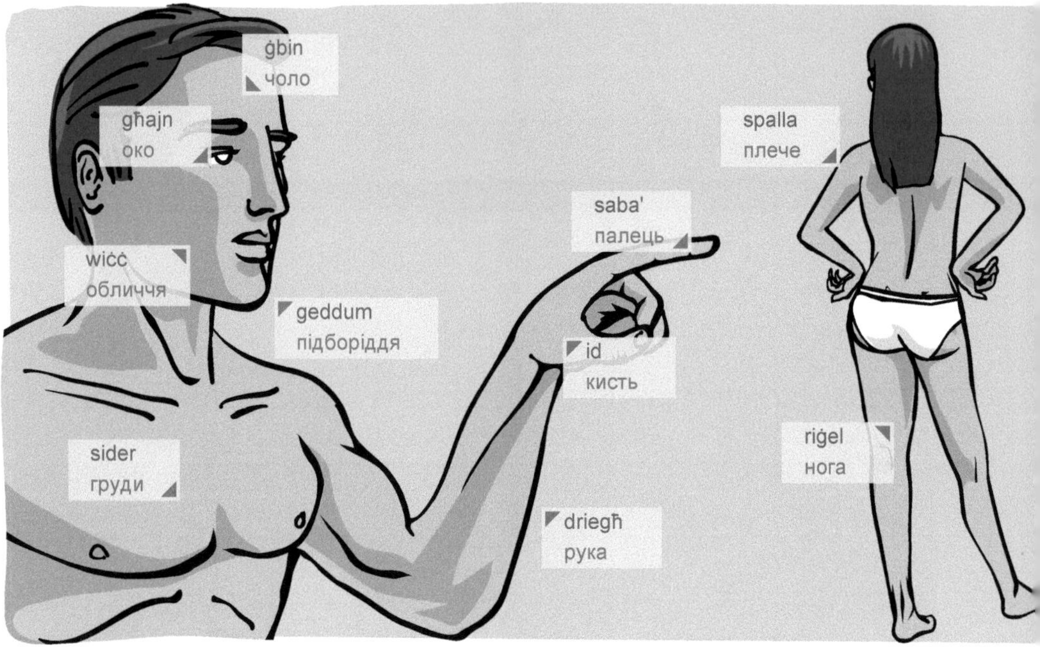

ġbin / чоло
għajn / око
wiċċ / обличчя
geddum / підборіддя
sider / груди
saba' / палець
id / кисть
driegħ / рука
spalla / плече
riġel / нога

tarbija
немовля

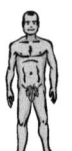

raġel
чоловік

mara
жінка

tifla
дівчина

tifel
хлопчик

ras
голова

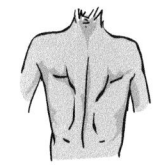

dahar
спина

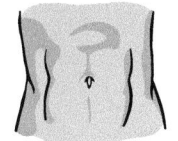

stonku
живіт

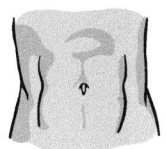

żokra
пуп

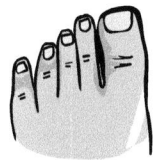

saba' tas-sieq
палець ноги

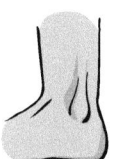

għarqub
п'ята

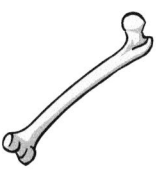

għadam
кістка

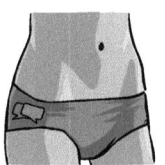

ġenb
стегно

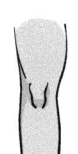

irkoppa
коліно

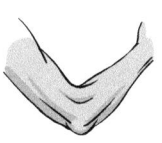

minkeb
лікоть

mnieħer
ніс

warrani
сідниці

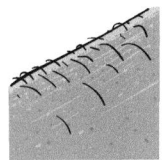

ġilda
шкіра

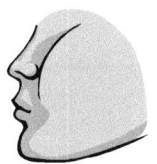

ħadd
щока

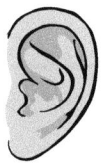

widna
вухо

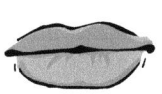

xoffa
губа

ġisem - тіло

ħalq
рот

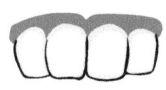
sinna
зуб

lsien
язик

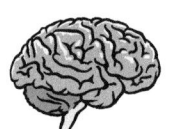
moħħ
мозок

qalb
серце

muskolu
м'яз

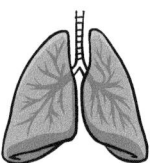
pulmun
легені

fwied
печінка

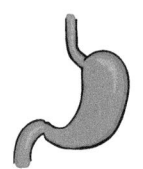
stonku
шлунок

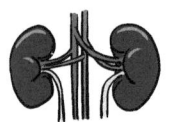
kliewi
нирки

sess
статевий акт

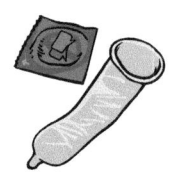
kondom
презерватив

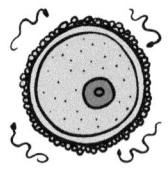
ovum
яйцеклітина

sperma
сперма

tqala
вагітність

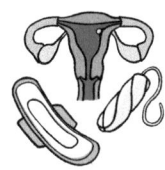

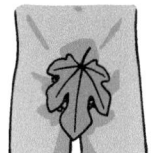

mestrwazzjoni — менструація

vaġina — вагіна

pene — пеніс

ħaġeb — брова

xagħar — волосся

għonq — шия

ġisem - тіло

sptar
лікарня

sptar
лікарня

ambulanza
машина швидкої допомоги

siġġu tar-roti
інвалідний візок

ksur
перелом

tabib
лікар

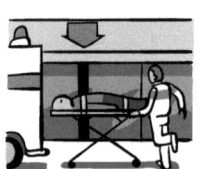

kamra tal-emerġenza
відділення швидкої медичної допомоги

infermiera/ners
медсестра

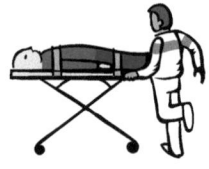

emerġenza
аварійний випадок

mhux f'sensih
непритомний

uġigħ
біль

korriment
травма

fsada
кровотеча

attakk tal-qalb
інфаркт

puplesija
інсульт

allerġija
алергія

sogħla
кашель

deni
лихоманка

influwenza
грип

dijarea
пронос

uġigħ ta' ras
головна біль

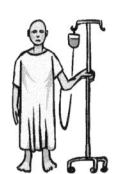
kanċer
рак

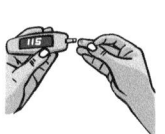
dijabete
діабет

kirurgu
хірург

skalpell
скальпель

operazzjoni
операція

sptar - лікарня

CT
КТ

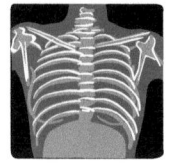
raġġi x
рентген

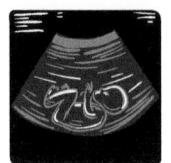
ultrasound
ультразвук

maskra tal-wiċċ
маска

marda
хвороба

kamra tal-istennija
зал очікування

krozza
милиця

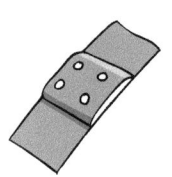
ġibs
пластир

faxxa
пов'язка

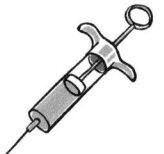
injezzjoni
ін'єкція

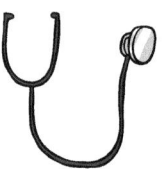
stetoskopju
стетоскоп

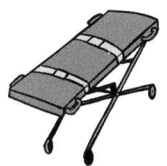
streċer
ноші

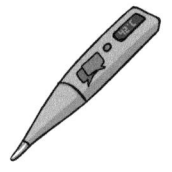
termometru kliniku
термометр

twelid
народження

piż żejjed
надмірна вага

sptar - лікарня

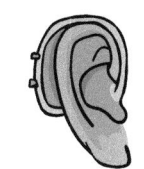
għajnuna għas-smigħ
слуховий апарат

diżinfettant
дезінфікуючий засіб

infezzjoni
інфекція

virus
вірус

HIV / AIDS
ВІЛ / СНІД

mediċina
медицина

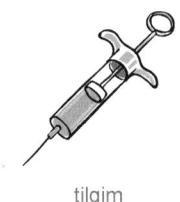
tilqim
вакцинація

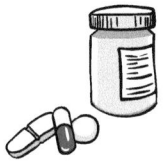
pilloli
таблетки

pill
протизаплідна пігулка

sejħa ta' emerġenza
екстрений виклик

monitor tal-pressjoni tad-demm
тонометр

marid / b'saħħtu
хворий / здоровий

emerġenza
аварійний випадок

Ajjut
Допоможіть!

allarm
сигнал тривоги

assalt
напад

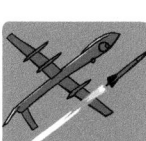

attakk
атака

periklu
небезпека

ħruġ ta' emerġenza
аварійний вихід

Qed jaqbad!
Вогонь!

apparat tat-tifi tan-nar
вогнегасник

aċċident
аварія

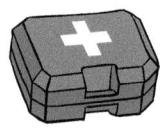

kitt tal-ewwel għajnuna
аптечка

SOS
СОС

pulizija
поліція

dinja
Земля

I-Ewropa
Європа

I-Amerika ta' Fuq
Північна Америка

I-Amerika ta' Isfel
Південна Америка

I-Afrika
Африка

I-Asja
Азія

I-Awstralja
Австралія

I-Atlantiku
Атлантика

il-Paċifiku
Тихий океан

I-Oċean Indjan
Індійський океан

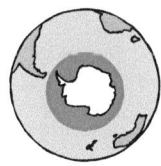
I-Oċean Antartiku
Антарктичний океан

I-Oċean Artiku
Північний Льодовитий океан

Pol tat-Tramuntana
Північний полюс

Pol tan-Nofsinhar

Південний полюс

l-Antartika

Антарктика

dinja

Земля

art

суша

baħar

море

gżira

острів

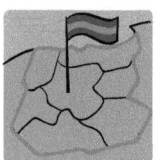

nazzjon

нація

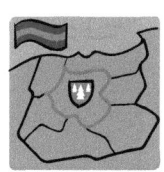

stat

держава

arloġġ
годинник

wiċċ l-arloġġ

циферблат

sigħatiera

годинникова стрілка

minutiera

хвилинна стрілка

sekondiera

секундна стрілка

X'ħin hu?

Котра година?

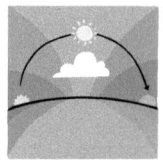

jum

день

ħin

час

issa

зараз

arloġġ diġitali

цифровий годинник

minuti

хвилина

siegħa

година

ġimgħa
тиждень

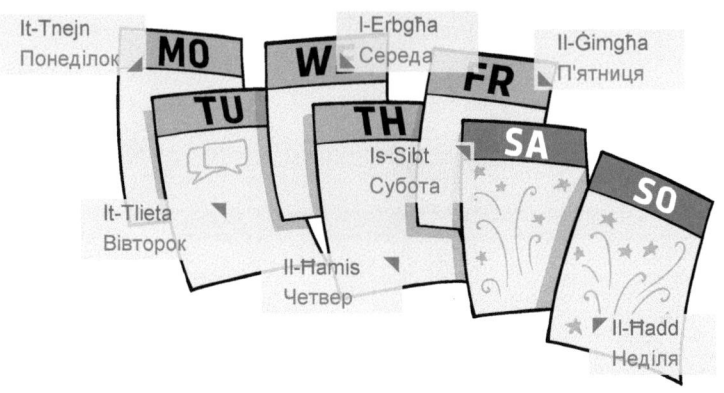

ilbieraħ
вчора

illum
сьогодні

għada
завтра

filgħodu
ранок

nofsinhar
опівдні

filgħaxija
вечір

jiem tax-xogħol
робочі дні

tmiem il-ġimgħa
кінець робочого тижня

ġimgħa - тиждень

sena

рік

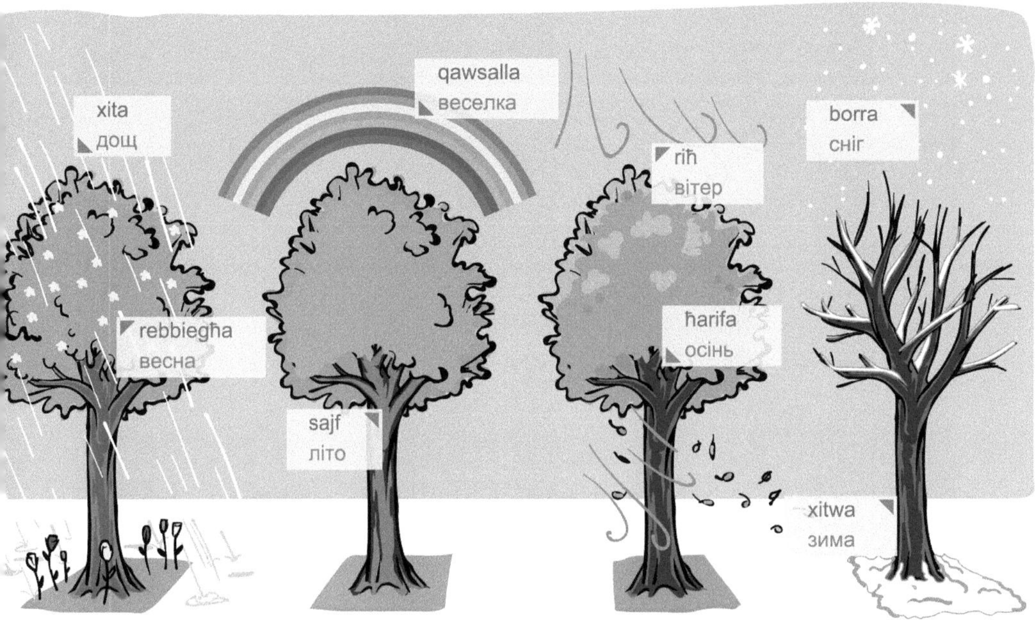

xita
дощ
qawsalla
веселка
borra
сніг
riħ
вітер
rebbiegħa
весна
ħarifa
осінь
sajf
літо
xitwa
зима

4.APRIL 11°
5.APRIL 4°
6.APRIL 13°
7.APRIL 8°
8.APRIL 10°

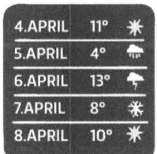

tbassir tat-temp

прогноз погоди

F C
120 40
90 30
60 20
30 10
0 0
-30 -10
-20

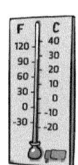

termometru

термометр

xemx

сонячне світло

sħaba

хмара

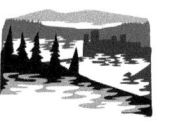

ċpar

туман

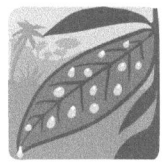

umdità

вологість повітря

beraq
блискавка

ragħad
грім

maltempata
шторм

silġ
град

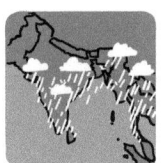

monsun
мусон

għargħar
повінь

silġ
лід

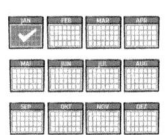

Jannar
Січень

Frar
Лютий

Marzu
Березень

April
Квітень

Mejju
Травень

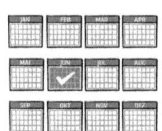

Ġunju
Червень

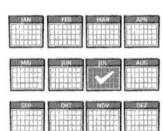

Lulju
Липень

Awwissu
Серпень

sena - рік

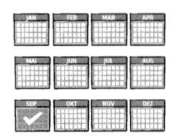

Settembru

Вересень

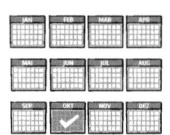

Ottubru

Жовтень

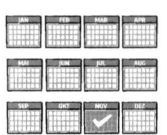

Novembru

Листопад

Diċembru

Грудень

forom
форми

ċirku

круг

kwadru

квадрат

rettangolu

прямокутник

trijanglu

трикутник

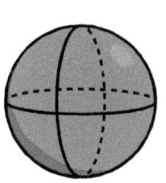

sfera

куля

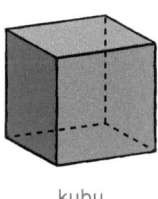

kubu

куб

kuluri
фарби

abjad
білий

isfar
жовтий

oranġjo
помаранчевий

roża
рожевий

aħmar
червоний

vjola
фіолетовий

blu
синій

aħdar
зелений

kannella
коричневий

griż
сірий

iswed
чорний

opposti
протилежності

ħafna / ftit

багато / мало

rrabjat / kalm

лютий / мирний

sabiħ / ikrah

гарний / бридкий

bidu / tmiem

початок / кінець

kbir / żgħir

великий / малий

jgħajjat / mudlam

світлий / темний

ħu / oħt

брат / сестра

nadif / maħmuġ

чистий / брудний

komplut / mhux komplut

завершений / незавершений

jum / lejl

день / ніч

mejjet / ħaj

мертвий / живий

wiesa' / dejjaq

широкий / вузький

jittiekel / ma jittikilx

їстівний / неїстівний

ħażin / twajjeb

злий / дружній

eċċitat / imdejjaq

збуджений / нудьгуючий

oħxon / irqiq

товстий / тонкий

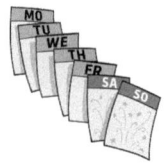

l-ewwel / l-aħħar

спочатку / востаннє

ħabib / għadu

друг / ворог

mimli / vojt

повний / порожній

iebes / artab

жорсткий / м'який

tqil / ħafif

важкий / легкий

ġuħ / għatx

голод / спрага

marid / b'saħħtu

хворий / здоровий

illegali / legali

незаконний / законний

intelliġenti / stupidu

розумний / дурний

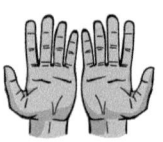

xellug / lemin

вліво / вправо

qrib / 'il bogħod

поруч / далеко

ġdid / użat

новий / використаний

xejn / xi ħaġa

нічого / щось

xiħ / żagħżugħ

старий / молодий

mixgħul / mitfi

вкл / викл

miftuħ / magħluq

відкрито / закрито

kwiet / storbjuż

тихо / гучно

sinjur / fqir

багатий / бідний

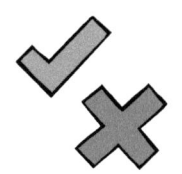

tajjeb / ħażin

правильно / неправильно

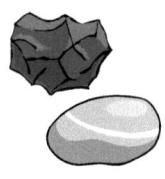

aħrax / lixx

шорсткий / гладкий

imdejjaq / ferħan

сумний / щасливий

qasir / twil

короткий / довгий

bil-mod / għaġġieli

повільно / швидко

imxarrab / niexef

вологий / сухий

sħun / frisk

гарячий / холодний

gwerra / paċi

війна / мир

opposti - протилежності

numri
числа

0 żero — нуль

1 wieħed — один

2 tnejn — два

3 tlieta — три

4 erbgħa — чотири

5 ħamsa — п'ять

6 sitta — шість

7 sebgħa — сім

8 tmienja — вісім

9 disgħa — дев'ять

10 għaxra — десять

11 ħdax — одинадцять

12
tnax
дванадцять

13
tlettax
тринадцять

14
erbatax
чотирнадцять

15
ħmistax
п'ятнадцять

16
sittax
шістнадцять

17
sbatax
сімнадцять

18
tmintax
вісімнадцять

19
dsatax
дев'ятнадцять

20
għoxrin
двадцять

100
mija
сто

1.000
elf
тисяча

1.000.000
miljun
мільйон

numri - числа

lingwi

мови

Ingliż

англійська

Ingliż Amerikan

американська англійська

Ċiniż Mandarin

китайська високочиновницька

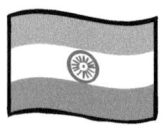

Ħindi

хінді

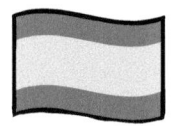

Spanjol

іспанська

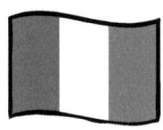

Franċiż

французька

Għarbi

арабська

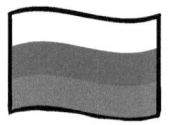

Russu

російська

Portugiż

португальська

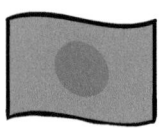

Bengali

бенгальська

Ġermaniż

німецька

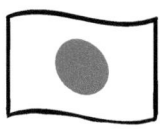

Ġappuniż

японська

min / xiex / kif
хто / що / як

Jien
я

int
ти

hu / hi / -
він / вона / воно

aħna
ми

intom
ви

huma
вони

min / xiex / kif
хто?

xiex
що?

kif
як?

fejn
де?

meta
коли?

isem
ім'я

fejn
де

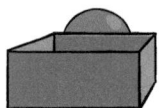

fuq wara

ззаду

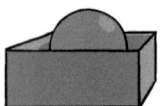

ġo

в

fuq quddiem ta'

перед

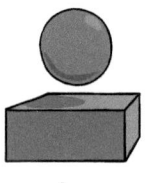

fuq

над

fuq

на

taħt

під

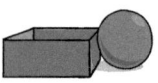

ma' ġenb

біля

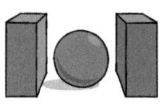

bejn

між

post

місце